Ellen Heidböhmer

7 Minuten
Selbst fürsorge

Atempausen
für jeden Tag

nymphenburger

Inhalt

Schön, dass du da bist!

Liebe Leserin,

ich freue mich, dass du in dieses Buch hineinschaust! Das bedeutet, du bist dir wichtig. Leider ist das nicht selbstverständlich - die meisten Frauen haben überhaupt keine Vorbilder in Sachen gesunde Selbstfürsorge. Weder von unseren Eltern noch in der Schule lernen wir, uns gut um uns selbst zu kümmern. Im Gegenteil: Wenn du Zeit für dich brauchst, giltst du schnell als egoistisch, rücksichtslos, nimmst dich selbst zu ernst ... Die Liste der Vorwürfe ist lang. Sicher kannst du sie noch um ein paar persönliche Beispiele ergänzen.

Als wäre das nicht schon schwierig genug, gibt es auch noch alte Rollenbilder, die sich hartnäckig halten: Frauen kümmern sich um alle und um alles. Sie gehen regelmäßig über ihre Grenzen. Auch wenn du genau weißt: *Das will ich nicht!*, so ist es doch ganz schön mühsam, sich daraus zu befreien.

Vielleicht ist das der Grund, warum wir von anderen erwarten, dass sie sich um uns kümmern. Und dann enttäuscht sind, wenn sie es nicht tun.

Es klingt hart, aber: Das ist der falsche Weg! Natürlich ist gegenseitige Wahrnehmung und Rücksichtnahme wünschenswert. Aber in erster Linie ist es **deine** Aufgabe, dich gut um dich zu kümmern.

Wenn du bis hierher gelesen hast, halte bitte einen Moment inne. Schließe die Augen und spüre deinem Atem nach. Spüre deine Füße und den Boden unter deinen Füßen. Dann öffne die Augen wieder und atme ruhig weiter, während du mit deiner Aufmerksamkeit bei deinen Füßen bleibst. So kommst du sofort in Kontakt mit dir selbst. Das ist übrigens sehr viel wichtiger, als du denkst. Denn Glück und Zufriedenheit findest du nur, wenn du dich selbst und deine Bedürfnisse kennst, wenn du Verantwortung für dich übernimmst.

Dafür hast du nicht genug Zeit, sagst du? Das passt unmöglich auch noch in deinen Tag? Dann lass mich dir zeigen, dass Selbstfürsorge nicht aufwändig sein muss. 7 Minuten am Tag haben wir alle über, auch wenn unsere To-do-Listen übervoll sind. Und 7 Minuten reichen schon, um dich mit dir selbst zu verbinden.

Das Besondere an diesem Buch ist die Verbindung von Selbstfürsorge-Übungen mit den Qualitäten der Wochentage. Jedem Tag wird ein bestimmtes Lebensthema zugeordnet, dementsprechend habe ich die Anregungen für dich ausgesucht.

Ich freue mich, wenn die *7 Minuten Selbstfürsorge* nicht nur dekorativ in deinem Bücherschrank stehen, sondern dich durch deinen Alltag begleiten - als liebevolle Erinnerung daran, gut für dich zu sorgen. Vielleicht machst du das Buch zu deinem ganz persönlichen Begleiter in Sachen Selbstfürsorge.

Ganz wichtig: Mach dir bitte keinen Stress! Du musst dieses Buch nicht diszipliniert durcharbeiten. Die Anregungen und Übungen sollen dir guttun. Entscheide bitte selbst, welche du machen möchtest und welche nicht und höre immer auf dein Gefühl. Wenn du dir 7 Minuten Zeit am Tag für dich nimmst, leg dir damit keine neuen Verpflichtungen auf. Das Ziel ist nicht, sich schnell mal zu erholen, um dann weiter zu rennen. Es geht darum, dass du nachspürst, was du gerade brauchst, wonach dir zumute ist. Das hier ist kein Wettbewerb, es gibt keinen Siegerpokal, und du musst nicht die Selbstfürsorge-Queen werden.

Atme einmal tief ein und aus. Leg eine Hand auf dein Herz und spüre die Wärme. Bist du bereit? Dann geht es jetzt los!

TAG 1

Montag

Ich fühle

Der Name Montag bedeutet *Tag des Mondes*. Er hat sich aus dem althochdeutschen *mānotag* entwickelt. Ursprünglich war der Montag Mani gewidmet, dem Gott des Mondes in der nordischen Mythologie. Er ist der Bruder der Sonnengöttin Sól. Seine Schönheit veranlasste seinen Vater Mundilfari dazu, ihn nach dem Mond zu benennen. Von den Göttern wurde er als Hüter des Mondes eingesetzt. Der Wagen, mit dem er über den Himmel fährt, wird von seinem Pferd *Leichtfuß* gezogen.

Das weibliche Prinzip

Der Mond verkörpert das weibliche Prinzip: die Aufnahme des Samens, das Austragen der Frucht, das Reifen und Wachsen. Dieser Kreislauf ist so alt wie das Leben selbst. Gut zu wissen: Diese Zuordnung beinhaltet keinerlei Wertung. Weiblichkeit bedeutet nicht ausschließlich, aber eben auch Hingabe und Empfangen. Ohne diese Qualitäten kann es keinen Schöpfungsprozess

geben. In den alten Kulturen waren die Mondgöttinnen den Sonnengöttinnen ebenbürtig. Beide standen gleichberechtigt nebeneinander, als zwei Seiten einer Medaille. Gefühl und Weiblichkeit, Herkunft und Familie, Haus und Heim sind ebenfalls Themen des Mondprinzips. Hier entspringt unser tiefer Wunsch nach Zugehörigkeit und Geborgenheit. Auch das innere Kind und unsere Verletzlichkeit sind hier zu Hause.

**Das Urprinzip Mond:
Gefühlswelt, Weiblichkeit,
Geborgenheit, inneres
Kind, Verletzlichkeit,
aufmerksam, fürsorglich,
gefühlsbetont, intuitiv**

Schon wieder Montag

Für viele Menschen ist der Montag der unbeliebteste Tag der Woche. Das Wochenende, auf das man sich tagelang gefreut hat, ist vorbei. Die Arbeitswoche beginnt, der Wecker klingelt früh. Der Tag ist weitestgehend fremdbestimmt. Wenn du gern zur Arbeit gehst, ist so ein Montag noch gut auszuhalten, wenn nicht, liegt eine lange Woche vor dir, die dir vermutlich Magenschmerzen bereitet.

Übung

GEFÜHLE UND WEIBLICHKEIT

Erlaube ich mir, meine Gefühle zu spüren – auch
die weniger schönen? In welchen Situationen unterdrücke
ich meine Gefühle? Sind meine Gefühle mit körperlichen
Symptomen verbunden?

* wenn ich wütend bin.

Anspannung der Muskelkeler

Mal mehr, mal weniger   Kann ich mich annehmen, so wie ich bin? Was verbinde
ich mit Weiblichkeit? Bin ich bereit, Frieden zu schließen
mit meinen negativen Assoziationen zum Thema
Weiblichkeit?

*Hingabe, Fürsorge, Schwäche zeigen
dürfen, Sanftheit, Güte*

Ob in der Familie, im Bus oder im Büro – überall begegnest du Men-
schen, die über den Montag schimpfen. Neben dem Wetter scheint
der Montag DAS Lieblingsthema für negativen Small Talk zu sein.
Aber ganz ehrlich: Kann der Montag was dazu? Hat er nicht auch das
Recht, ein schöner Tag zu werden? Ich finde, wir sollten ihm eine
Chance geben. Wie wäre es, wenn du montags den Menschen, de-

> **Wenn das Leben dir einen Montag gibt, tu Glitzer drauf!**

nen du begegnest, einen schönen Montag und eine schöne Woche wünscht? Das klingt doch gleich viel besser als *Schon wieder Montag!* Versuch doch mal, den Montagmorgen extra schön zu gestalten. Vielleicht stehst du etwas früher auf, nimmst dir Zeit für einen Kaffee oder Tee ganz in Ruhe, stellst dir vor, wie dein Tag verlaufen wird und überlegst, worauf du dich heute freuen kannst.

Vom Zauber des Anfangs

Wer mag ihn nicht, den Anfang? Eine Idee oder ein Vorhaben ist neu und frisch, wir sind erfüllt von Vorfreude, können es gar nicht abwarten, loszulegen und fühlen uns wie ein Rennpferd vor dem Start. Los, endlich los!

Wir haben die Möglichkeit, ganz neu oder von vorn zu beginnen. Neue Ideen, neue Pläne, neue Vorhaben, neue Chancen. Wir sind handlungsfähig, das mobilisiert alle Systeme und gibt uns eine Menge Schwung. Unser Gehirn schüttet Glückshormone aus. Nicht umsonst gibt es die Ausdrücke *Zauber des Anfangs, vielversprechender Anfang, alles auf Anfang.* In dem Wort *Anfang* steckt auch das Anfassen und das Ergreifen. Der Anfang ist der Ursprung von allem, bevor eine direkte Handlung erfolgt. *Am Anfang war das Nichts* bedeutet: Wir sind der Schöpfer von allem.

Wie wäre es, wenn du dir deine Welt (neu) erschaffen könntest? Was möchtest du erschaffen? Schreibe spontan ein paar Dinge auf und stelle dir vor, wie sie Realität werden. Nur mit der Kraft deiner Gedanken und dem Wunsch deines Herzens.

ZIEHE BILANZ

Stelle dir die folgenden Fragen und schreibe deine Gedanken auf.

Wie gefällt mir mein Leben?

_____

Mit welchem Gefühl schaue ich zurück auf
mein bisheriges Leben?

_____

Was habe ich bis jetzt erschaffen? Was davon möchte ich
behalten, was möchte ich loslassen?

_____

Was möchte ich noch erschaffen?

_____

Welche meiner Fähigkeiten können mir dabei helfen?

_____

7 MINUTEN NUR FÜR DICH

Die Weitung des Brustkorbs kann das Herz öffnen. Du machst dich offen und weich. Wenn das ungewohnt für dich ist, sei liebevoll mit dir selbst und überfordere dich nicht. **Der liegende Schmetterling** hilft, den Beckenboden und die weiblichen Organe zu entspannen. Außerdem stimuliert er sanft den Leber-, Lungen- und Herzmeridian.

- Leg dich auf den Boden und schiebe eine Yogarolle oder eine gefaltete Decke unter deinen Rücken. Dein Oberkörper soll entspannt darauf liegen.
- Öffne deine Knie und lasse sie zu den Seiten fallen. Wenn das für dich angenehmer ist, lege einen Block oder eine gefaltete Decke unter jedes Knie.
- Schließe die Füße, die Fußsohlen zeigen zueinander.
- Breite deine Arme zu den Seiten aus. Die Handflächen zeigen nach oben. Entspanne dich in diese Haltung hinein.

Deine Mutterbeziehung

Wie würdest du dein Verhältnis zu deiner Mutter beschreiben? Was hat deine Mutter dir mitgegeben? Schreib dir auf einem Blatt Papier oder in deinem Notizbuch alles auf, sowohl das Gute als auch das Schlechte. Kennst du die Mutter und vielleicht sogar die Großmutter deiner Mutter? Weißt du, welches Verhältnis deine Mutter zu ihnen hat oder hatte? Stell dir deine weiblichen Vorfahren als Stützpfeiler vor: Du

> **Die Sterne können den Glanz des Mondes nicht vermehren.**
> Aus China

stehst auf den Schultern deiner Mutter, sie auf den Schultern ihrer Mutter, diese wiederum auf den Schultern ihrer Mutter. Gefällt dir dieses Bild? Fühlst du dich unwohl? Was möchtest du verändern? Wenn du selbst Mutter bist: Steht deine Tochter sicher auf deinen Schultern? Wenn nein, warum nicht? Was braucht sie von dir, damit sie sicher stehen kann?

DEINE *Montags* - AFFIRMATION

Ich bin ein lebendiger Ausdruck von Liebe.

Diesen Satz kannst du dir wie ein Mantra vorsagen. Oder du stellst dir vor, wie Liebe dein Herz und dein ganzes Sein füllt und von dir ausstrahlt zu allen Menschen, denen du begegnest.

TAG 2

Dienstag

Ich will!

Der lateinische Name für den Dienstag, *Mārtis diēs*, bedeutet Tag des Mars. Der römische Kriegsgott Mars entsprach dem germanischen Kriegsgott *Tiwaz* oder *Tyr*. Aus dem germanischen *tiwasdagaz* über das althochdeutsche *dīsdach* entwickelte sich unser Dienstag.

Die Mars-Energie: Volle Kraft voraus

Vermutlich geht es dir wie den meisten Frauen und du findest es schwierig, mit Aggressionen umzugehen. Dabei sind sie ursprünglich sogar etwas Gutes: Entwicklungsgeschichtlich dienten sie als natürliche Impulse für die Verteidigung und für die Bewältigung bedrohlicher Situationen.

Kennst du den Begriff *fight or flight?* Wenn unsere Vorfahren in Gefahr gerieten, hatten sie nur zwei Möglichkeiten: kämpfen oder fliehen. Beides war mit großem körperlichem Einsatz verbunden, sodass sich Energie entladen konnte. In unseren modernen Zeiten begegnen wir zwar keinem Säbelzahntiger mehr, haben aber im Laufe eines Tages genug Situationen, die wir als potenziell bedrohlich empfinden. Kämpfen oder fliehen ist da kein Thema. Also schlucken wir Ärger hinunter, verdrängen aufkommende Wut, setzen ein Lächeln auf und ballen gleichzeitig die sprichwörtliche Faust in der Tasche. Oder wir poltern beim kleinsten Ärgernis laut los.

> **Erst muss** man wissen, was **man will,** dann muss man den Mut haben, es zu sagen und anschließend die Tatkraft, es zu tun.
> Georges Clemenceau

Du merkst es selbst: Weder die eine noch die andere Reaktion ist ideal. Im Gegenteil: Die erste beschert uns über kurz oder lang ein Magengeschwür oder eine andere Krankheit — diesen Zusammenhang sieht inzwischen auch die Schulmedizin. Die zweite schießt weit über das Ziel hinaus, ver-

Handle aus der Kraft deines Herzens heraus.

braucht eine Menge Kraft und bringt doch nicht das gewünschte Ergebnis.

Was immer hilft, egal, in welcher Situation du dich befindest: atme, konzentriere dich auf deinen Solarplexus und spüre den Boden unter deinen Füßen. Handle dann aus deiner Mitte und deiner Kraft heraus. Wenn du ganz bei dir bleibst, bietest du einem Angreifer keinen Raum. Du nimmst ihm den Wind aus den Segeln. Noch ein entscheidender Vorteil: Du musst nicht mehr re-agieren, sondern kannst agieren. Du nimmst das Zepter in die Hand. Und bekommst dadurch mehr Kraft. Wenn du ganz bei dir bleibst, bietest du einem Angreifer keinen Raum. Du leitest seine Kraft um, an dir vorbei. So nimmst du ihm den Wind aus den Segeln.

Und wenn ich keine Kraft habe?

Es gibt Tage, da ist man einfach nur erschöpft. Das Aufstehen ist eine Qual, die Kaffeetasse zu halten kostet schon Anstrengung, bleierne Müdigkeit liegt auf den Schultern. Wie soll man da den Tag schaffen? Der schnellste und gleichzeitig der einfachste Weg: schnelle Bewegungen. Joggen, Tanzen, Seilspringen, auf der Stelle hüpfen, auch mal mit den Füßen stampfen. Ganz egal, Hauptsache du bewegst dich und gerätst einmal richtig außer Atem. Diese Bewegungen sind besonders hilfreich, wenn du

- morgens schon müde und erschöpft bist
- dich ausgelaugt fühlst
- einen schlechten Tag hattest
- mit einem Problem nicht weiterkommst
- dir so richtig zum Heulen zumute ist

Bewegung kann innere und äußere Blockaden auflösen.

Übung

ZUM NACHDENKEN

Wie würde ich meine Kraft beschreiben?

In welchen Situationen fühle ich mich kraftvoll?

In welchen kraftlos?

Was bringt mich zurück in meine Kraft?

Wie drücke ich meine Kraft aus?

Was tun, wenn ich angegriffen werde?

Unsere instinktive Reaktion auf einen körperlichen oder einen verbalen Angriff ist es, uns zu verteidigen. Das ist gut und richtig so. Ein Blick in die japanische Kampfkunst zeigt, dass man auch anders mit Angriffen umgehen kann.

Im Aikido lernt man, die Kraft des Angreifers so zu leiten, dass es ihm unmöglich wird, seinen Angriff fortzuführen. Dabei wird der Angreifer nicht verletzt. Von dem Begründer des Aikido, Ueshiba

Das Urprinzip Mars:
Kraft, Energie, Mut und
Durchsetzung, leiden-
schaftlich, mutig, selbst-
sicher, spontan und
risikofreudig

Morihei, stammt das Zitat „*Wenn
du angegriffen wirst, schließe dein
Gegenüber ins Herz.*"

Er hatte im russisch-japanischen Krieg die Sinnlosigkeit von kriegerischen Auseinandersetzungen erkannt, wusste aber auch: Hat ein Angriff erst begonnen, kann man ihn nicht mehr aufhalten. Die Bewegungen des Angreifers lassen sich dann nur noch lenken. Daher liegen den Techniken des Aikido physikalische Prinzipien zugrunde. Mit speziellen Wurf- und Haltetechniken werden Kraft und Schwung des Angreifers angenommen und die Energie wird umgeleitet.

Pack es an!

Weißt du, was Prokrastination ist? Der wissenschaftliche Name für *Aufschieberitis*. Die Steuererklärung muss fertig werden, der Termin nähert sich unaufhaltsam. Aber statt die Stapel an Belegen zu sortieren, wühlst du dich stundenlang durch alte Fotos. Angeblich, um sie endlich zu sortieren, was natürlich auch nicht klappt. Oder der Chef wartet auf die Präsentation. Aber du hörst immer wieder auf, daran zu arbeiten. Um Bleistifte anzuspitzen, Unterlagen abzuheften oder aus dem Fenster zu gucken.

Was du schon länger vor dir herschiebst, wozu du dich nur schwer aufraffen kannst, was du immer noch nicht umgesetzt hast - heute ist der ideale Tag dafür! Nutze die Kraft des Dienstags und fang einfach an. Mach dir keinen Plan. Denk nicht groß darüber nach. Lege keine Zeit fest. Fang an. Jetzt sofort. Ohne Wenn und Aber.

Übung

7 KRAFTVOLLE MINUTEN

Diese Übung aus der Heileurythmie hilft dir, deine Ich-Kraft zu stärken und deinen Platz zu behaupten.

- Stell dich aufrecht hin, spüre den Kontakt deiner Füße zum Boden und atme ein paar Mal tief ein und aus.
- Breite beide Arme aus, als wolltest du jemanden umarmen.
- Führe die Arme zusammen und kreuze sie, sodass der Außenknochen des rechten Handgelenks und der Innenknochen des linken Handgelenks in Brusthöhe aneinander liegen. Die Finger sind aufgerichtet und liegen aneinander.
- Bewege nun die gekreuzten Arme senkrecht nach oben und nach unten, hebe sie über den Kopf und lassen sie dann wieder sinken. Wichtig dabei ist, dass die Handgelenksknochen in Kontakt sind.

DEINE *Dienstags* - AFFIRMATION

Ich spüre meine Kraft.

Sag dir diesen Satz wie ein Mantra vor. Auch, wenn du gerade nicht daran glaubst. Deine Absicht und die Bekräftigung sorgen dafür, dass er Wirklichkeit werden kann.

TAG 3

Mittwoch

Ich kommuniziere

Die Babylonier benannten den Mittwoch nach dem Planeten Merkur. Die Germanen widmeten diesen Tag ihrem Göttervater Wotan (Odin). Dieser Name klingt heute noch an im niederländischen *woensdag*, im schwedischen *onsdag* und im englischen *Wednesday*. Die katholische Kirche war bestrebt, heidnische Namen auszumerzen. So erklärte sie den Tag einfach zur Mitte der Woche, daher der Name Mittwoch.

Eine kurze Reise zu den Wurzeln der Sprache

Die erste Form menschlicher Spra-che ist vor über einer Million Jahren entstanden. Dazu gibt es unterschiedliche Theorien. Eine lautet: Der damals lebende Urmensch Homo erectus ahmte die Laute von Tieren nach, verfeinerte sie nach und nach

und nutzte sie zur Organisation seines Alltags.

Die erste komplexe Sprache soll dann vor etwa 100.000 Jahren entstanden sein – nicht zufällig, sondern als ein Prozess, der parallel zur Entwicklung des Menschen verlief.

Die Suche nach Nahrung, das Benennen von Werkzeugen und Gegenständen, die Verteidigung gegen Feinde und das Leben in Gruppen verlangten eine kontinuierliche Weiterentwicklung der Ursprache. Erst auf der Grundlage von abstraktem Denken und Sprechen war es den Menschen möglich, Regeln festzulegen, die das Zusammenleben organisierten, oder das Vorgehen bei einer Jagd mit mehreren Teilnehmern abzusprechen.

Das Urprinzip Merkur: Fliegender Götterbote, kommunikativ, vermittelnd, neugierig, wissbegierig, begeisterungsfähig, auf der Suche nach Inspiration

Heute gibt es weltweit etwa 7.000 verschiedene Sprachen. Die Worte all dieser Sprachen haben Wurzeln, die als Überreste der Ursprache identifiziert werden konnten. Die älteste heute noch gesprochene Sprache ist übrigens Aramäisch. Sie kommt in Kurdistan, Syrien und im Irak vor.

Richte dich auf und lass deine
Stimme ertönen.

Das Wunder deiner Stimme

Deine Stimme ist so einzigartig wie dein Fingerabdruck. Deine individuelle Art zu sprechen und die Klangfarbe deiner Stimme entstehen schon im Kleinkindalter.

Wusstest du, dass der Klang deiner Stimme und deine Art zu sprechen ungefähr ein Drittel deiner persönlichen Ausstrahlung ausmacht? Und die Art, **wie** du etwas sagst, beeinflusst dein Gegen-

Ich esse Schokolade nur an Tagen, die auf g enden. Und mittwochs.

über mehr als das, was du sagst. Jedes Gefühl, auch wenn es dir gerade gar nicht bewusst ist, spiegelt sich in deiner Stimme wider. Um zu erkennen, wie sich dein Gegenüber fühlt, musst du nur auf seine Stimme achten. Bei Nervosität klingt sie gepresst. Bei Traurigkeit wird sie weich und langsam, weil die Stimmlippen erschlaffen. Steht jemand unter Anspannung, verkrampfen sich die Muskeln und die Stimme zittert. Erzeugt wird die Stimme übrigens durch das Zusammenspiel von den Stimmlippen im Kehlkopf und den sogenannten Ansatzräumen (Rachen, Mund- und Nasenraum). Die Stimmbänder sind nur ein kleiner Teil der Stimmlippen. Mit Hilfe der Stimmmuskeln werden sie angespannt, um Töne zu erzeugen. Dann ist die Stimmritze, der Spalt zwischen den Stimmlippen, verengt. Luft, die aus der Lunge strömt, versetzt die Stimmlippen in Schwingung. Bei Männern schwingen sie etwa 120 Mal in der Sekunde, bei Frauen etwa 240 Mal. Zunge und Kiefer formen die Töne zu Worten, die Nase wirkt als Resonanzverstärker.

Frauen haben dünnere und kleinere Stimmlippen als Männer, daher sprechen sie in einer höheren Tonlage. Die dünne, zittrige Stimme älterer Menschen entsteht durch Veränderungen im Kehlkopfknorpel, die sich auf die Position der Stimmlippen und auf deren Spannung auswirken. Deine Stimme wird übrigens kraftvoller. wenn du beim Sprechen aus dem Zwerchfell heraus atmest.

Nichts vermiest einem den Freitag so sehr wie festzustellen, dass erst Mittwoch ist.

Lass dich von deiner Lieblingsmusik inspirieren!

Was inspiriert dich?

Das Wort Inspiration stammt vom lateinischen Wort *inspiratio* ab, was Beseelung und Einhauchen bedeutet. Es beschreibt sowohl plötzliche Erkenntnisse als auch erhellende Ideen und Eingebungen. Eingebungen sind nicht nur wichtig für kreativ tätige Menschen. Was ist es, das dich beseelt? Vielleicht ein Spaziergang in der Natur, ein gutes Gespräch mit einer Freundin, das Erlernen einer Sprache oder ein mitreißender Vortrag? Inspiration findet sich auch in den Biografien bekannter Persönlichkeiten. Zum Beispiel in der von Astrid Lindgren, die trotz der Härten ihres Lebens in der

Übung

ZUM NACHDENKEN

Magst du deine eigene Stimme?

_____

Was glaubst du, welchen Eindruck du Menschen vermittelst,
die dir begegnen?

_____

Welchen Eindruck möchtest du vermitteln? Warum?

_____

Wie klingt deine Stimme, wenn du aufgeregt, ängstlich, fröhlich
oder traurig bist? Beobachte dich selbst oder bitte eine Freundin,
deine Stimme in verschiedenen Situationen zu beschreiben.

_____

Spiel mit deiner Stimme und deiner Tonlage.
Wie fühlst du dich dabei?

_____

Lage war, so wunderbare Bücher wie *Pippi Langstrumpf* zu schreiben. Mach es dir zur Aufgabe, täglich nach Inspiration zu suchen. Oder dich von der Inspiration finden zu lassen. Sie belebt und stärkt dich, erweitert den Horizont, bringt dich in Verbindung mit deinem Innersten und schafft einfach gute Laune.

7 MINUTEN FÜR EINEN GESUNDEN SELBSTAUSDRUCK

Im Halschakra sind unsere alten Verletzungen gespeichert: aus Situationen, in denen wir nichts sagen konnten oder durften. In denen wir nicht für uns einstehen konnten. In denen wir nicht gesagt haben, was wir brauchen. Wiederhole diese Übung regelmäßig. Deine Stimme wird dadurch kräftiger. Und dein Selbstausdruck wird sich merklich verbessern.

- Setze oder lege dich bequem hin.
- Atme ein paar Mal tief ein und aus.
- Konzentriere dich nun auf Hals, Kehlkopf und Schilddrüse. Spüre, wie dieser Bereich sich anfühlt. Angespannt oder locker?
- Stell dir vor, du atmest nicht durch die Nase, sondern durch deine Schilddrüse. Mit jedem Atemzug wird sie freier, durchlässiger, offener. Wenn negative Gefühle auftauchen, lass sie einfach da sein.

DEINE *Mittwochs* - AFFIRMATION

Ich habe eine Stimme und ich werde gehört.

Dies ist eine sehr kraftvolle Affirmation. Wenn du intensiv damit arbeiten möchtest, kannst du sie auch gut variieren: Sag dir den Satz zunächst ganz leise vor, dann immer lauter – bis du bei der Lautstärke angekommen bist, die dir möglich ist. Versuche, ob es nicht doch noch ein klein wenig lauter geht. Oder du singst den Satz zunächst leise und dann immer lauter.

Folge der Stimme deines Herzens.

Übung

ZUM NACHDENKEN

Wer hört mir wirklich zu, wer nicht?

_____

_____

Was kann ich tun, um Gehör zu finden?

_____

_____

_____

Wem höre ich gern zu? Warum?

_____

_____

Wem höre ich gar nicht gern zu? Warum?
Kann und will ich das ändern?

_____

_____

_____

Donnerstag

Ich wachse und reife

Donnerstag bedeutet *Tag des Donners*. Seinen Namen verdankt er Thor oder Donar, dem germanischen Gott des Wetters und Gewitters. Thor/Donar entspricht dem römischen Gott Jupiter. Bei den Römern hieß der Donnerstag Tag *Iovis diēs*, Tag des Jupiters.

Deine Verbindung zur Quelle

Wie bist du mit deiner Quelle verbunden? Durch Meditation oder andere spirituelle Methoden? Übst du eine Religion aus? Beschäftigst du dich mit Philosophie?

Im Jupiter-Prinzip ist die Frage nach dem Sinn zu Hause, deine Verbindung zu etwas, was größer ist als du, deine Rolle im Spiel des Lebens. Reisen (in Form von Seelenreisen oder Reisen durch die Welt), Lernen, Zusammenhänge erkennen — das treibt jupitergeprägte Menschen an. Dabei geht es nicht nur um spirituelle Weiterentwicklung. Körper, Geist und Seele müssen gleichberechtigt miteinander verbunden sein. Ohne diese Rückverbindung und den Blick für die Zusammenhänge fühlen wir uns schnell verloren, ohne Kraft und mutlos. In einer Welt, die sich immer rasanter entwickelt und immer komplexer zu werden scheint, ist es nicht so einfach, das innere Gleichgewicht zu halten. Am besten nimmst du dir jeden Tag ein paar Minuten Zeit, um in deine Mitte zu kommen.

> **Leben ist … das Wachsen und Reifen der Seele in der Welt der Endlichkeit.**
> Irina Rauthmann

Selbstentwicklung statt Selbstoptimierung

Dem immensen Druck zur Selbstoptimierung sind Frauen rund um die Uhr ausgesetzt. Sei es durch Instagram-Fotos, Werbung, Diätvorschläge in Zeitschriften — von allen Seiten werden wir auf-

Übung

ZUM NACHDENKEN

Was ist für mich der Sinn des Lebens?

_____

Was ist mein Lebensziel?

_____

Wo bin ich schon gewachsen?

_____

Wo kann und will ich noch wachsen?

_____

Gibt es etwas, das mich am Wachsen hindert?

_____

Was erweitert meinen Horizont? Was schränkt ihn ein?

_____

gefordert, uns doch bitte zu optimieren. Warum wohl ist das so? Doch sicher nicht, damit wir uns besser fühlen, fitter, gesünder oder gelassener werden. Sondern weil die Industrie an unseren vermeintlichen Unzulänglichkeiten und Makeln Geld verdienen

Schließe Frieden mit dir selbst, so wie du bist.

möchte. Kaum ein anderer Markt wirft so viel Geld ab! Glaubst du tatsächlich, der Sinn des Lebens besteht darin, immer besser zu werden, ständig an dir zu arbeiten, dich zu perfektionieren, jeden Tag deinen Makeln und Schwächen den Kampf anzusagen und deine Fehler auszumerzen? Hoffentlich nicht! Wie viele Frauen kennst du, die eisern Diät halten, ständig an sich herummäkeln, viel Geld in ihre Schönheit investieren und sich dann immer noch unzulänglich fühlen? Ich wette, es sind zu viele! Kannst du sehen, wie erbarmungslos wir mit uns selbst umgehen? Es tut einem in der Seele weh, das mitanzusehen.

Ich möchte dir vorschlagen, den ganzen Selbstoptimierungs-Unsinn wenigstens für einen Tag zu vergessen. Du bist gut genug, so wie du bist. Basta. Steh zu dir, zu deinen Falten, deinen kurzen Beinen, deiner Cellulite, den paar Kilos zu viel. Das alles bist du, ein wunderbares Gesamtpaket. Betrachte doch mal alles, was du an dir nicht magst, als Special Effects. Das zaubert ein Lächeln in dein Gesicht und schon fühlst du dich besser. Du bist liebenswert, so wie du bist. Auch ohne Idealmaße, auch mit einem nicht glatten Teint, mit all deinen Ecken und Kanten. Das ist die Wahrheit. Alles andere ist angelernter Unsinn und kann auch wieder verlernt werden. Nutze den heutigen Tag, um dich genau so zu lieben, wie du gerade bist. So sieht ein gesunder Weg aus, nicht anders. Schenke dir Sympathie, Verständnis, Wohlwollen, Respekt und Liebe. Das musst du dir nicht erst verdienen. Du hast es schon verdient. Jetzt und hier. Ohne Wenn und Aber.

Das fällt dir schwer? Das macht nichts, sei einfach geduldig und freundlich mit dir. Alles andere macht es dir nur noch schwerer. Vielleicht ersetzt du das Wort Selbstoptimierung durch Selbstentwicklung? Schon ist der Druck weg, und es tun sich Möglichkeiten auf: Wer bist du? Wer warst du früher? Wer möchtest du in Zukunft sein? Betrachte deine weiblichen Vorbilder. Was schätzt du an ihnen? Wofür bewunderst du sie? Welche ihrer Eigenschaften möchtest du auch haben? Auf diese Weise ermutigst und motivierst du dich. Nimm dir kleine Schritte der Veränderung vor. Und lobe dich für jeden einzelnen. Sprich mit dir selbst wie mit einem kleinen Kind, das gerade Laufen lernt. Glaubst du, es würde weiterüben, wenn du es tadelst, sobald es strauchelt? Ganz sicher nicht. Und hast du es nicht verdient, so liebevoll, freundlich und unterstützend behandelt zu werden wie dieses Kind?

> **Das Urprinzip Jupiter :**
> **Wachstum und Sinn-**
> **findung, Reisen und**
> **Horizonterweiterung,**
> **jovial, große Dimensionen**
> **liebend, abwägend,**
> **ausgleichend, friedens-**
> **stiftend**

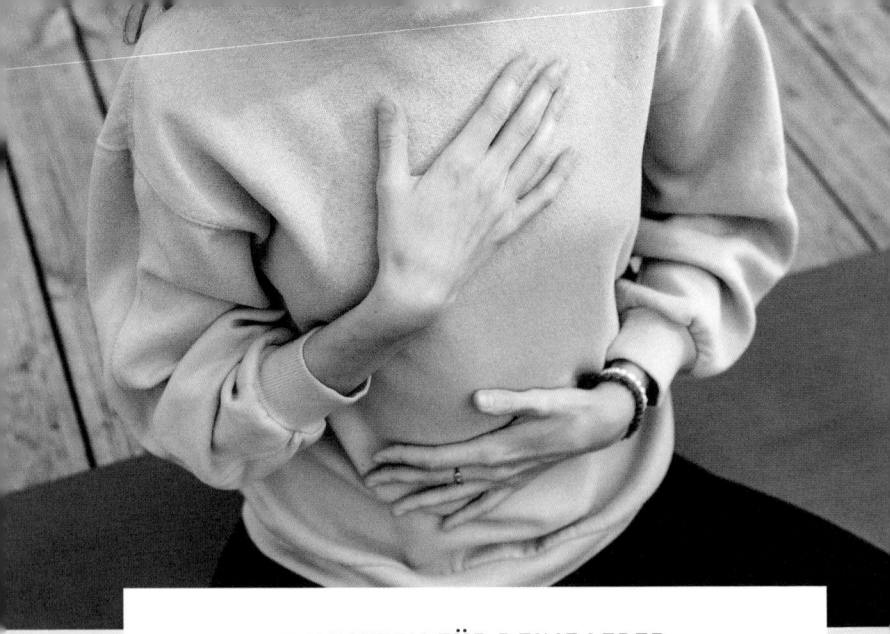

7 MINUTEN FÜR DEINE LEBER

Die Leber ist das Organ des Jupiter-Prinzips. Laut der Traditionellen Chinesischen Medizin (TCM) ist sie zuständig für die Verteilung der Energie im Körper. Sie sorgt dafür, dass alles fließt. Zu viel Druck und Anspannung bringen den Fluss der Lebensenergie ins Stocken. Dem kannst du mit dieser Übung entgegenwirken.

- Reibe deine Hände aneinander, sodass die Handflächen warm werden
- Lege deine linke Hand auf den rechten Oberbauch, unter die Rippen
- Stell dir vor, dass sie Wärme und Entspannung zu deiner Leber schickt
- Schicke ein Lächeln zu deiner Leber. Stell dir vor, wie sie ganz warm wird und sich entspannt.
- Forme den Laut schu. Er soll klingen wie der Wind, der durch die Bäume bläst. Stell dir dabei das Grün des Frühlings vor. Es hat eine heilende Wirkung.

Nicht Härte, Strenge, Unbeugsamkeit und eiserne Disziplin bringen langfristig gute Ergebnisse. Sondern Verständnis, Liebe und eine Portion Humor. So macht es auch viel mehr Spaß. Das Leben ist oft hart genug. Sei nicht auch noch hart zu dir selbst!

DEINE *Donnerstags* - AFFIRMATION

Ich lasse das Alte los und heiße das Neue willkommen.

Während du diese Affirmation sprichst oder denkst, stell dir vor, wie alles Alte, Überholte verschwindet und du deine Arme ausbreitest, um das Neue willkommen zu heißen.

Heiße das Neue freudig willkommen.

TAG 5

Freitag

Ich erkenne die Schönheit

Die Römer widmeten den Freitag der Liebesgöttin Venus und nannten ihn *diēs Veneris*, Tag der Venus. Das französische *Vendredi* und das italienische *venerdi* erinnern heute noch daran. Die Göttin Venus entspricht der germanischen Göttin Freya. Sie steht für Liebe und Schönheit. Ihr Name klingt auch noch an im englischen *Friday*.

Freitag der 13.

Die Kombination aus dem Unglückstag und der Unglückszahl, so heißt es, macht diesen Tag gefährlich. Man hat jedoch herausgefunden, dass Freitag der Dreizehnte nicht gefährlicher ist als andere Freitage. Versicherungen zum Beispiel erhalten zwar freitags die meisten Schadensmeldungen, das gilt aber nicht für Freitag den 13. An diesem Tag gibt es sogar weniger Autounfälle als an anderen Freitagen.

Viele Hotels haben keinen 13. Stock und kein Zimmer 13. Allgemein galt die 12 als heilige Zahl. Die 13, so glaubten die Menschen, brachte Unordnung und Unglück mit sich. Im alten China und im römischen Reich jedoch war die 13 eine heilige Zahl. In Mexiko ist sie heute noch eine Glückszahl.

Die Angst vor der Zahl 13 hat auch einen wissenschaftlichen Namen: Triskaidekaphobie. Abgeleitet vom griechischen Wort für dreizehn, *treiskaídeka*. Ein anderer Name ist Paraskavedekatriaphobie. Das Wort stammt vom griechischen *paraskeue*, Freitag.

> Das Venus-Prinzip:
> Liebe, Schönheit, Ästhetik, Kunst, Genuss,
> romantisch, sinnlich,
> harmoniebedürftig, passiv

Liebevolle Beziehungen

Kennst du den Ausspruch *Mach es deinem Partner leicht, dich zu lieben?* Allzu oft gelingt uns das nicht. Manche Frauen werden dann trotzig: Er soll mich gefälligst lieben, auch wenn ich gerade nicht gut drauf bin, wenn ich ihn zurückweise, kritisiere oder gar ignoriere. Das ist falsch verstandene Liebe.

Andere lassen sich alles Mögliche von ihrem Partner gefallen, schlucken ihre Gefühle runter und leiden still vor sich hin. Auch das ist sicher nicht Liebe, wie sie sein sollte. Willst du es deinem Partner leicht machen, dich zu lieben, musst du zunächst mit dir selbst im Reinen sein. Das ist manchmal schon schwierig genug!

> **Wenn die Achtsamkeit etwas Schönes berührt, offenbart sie dessen Schönheit. Wenn sie etwas Schmerzvolles berührt, wandelt sie es um und heilt es.**
> Thich Nhat Hanh

Erst, wenn deine Beziehung zu dir selbst liebevoll ist, kannst du eine liebevolle Partnerin sein. Solange du das nicht bist, brauchst du jemanden, der dir beständig gibt, was dir so dringend fehlt. Damit überforderst du auch den besten und liebevollsten Partner. Wie wäre es, wenn du heute damit beginnst, dich selbst zu lieben? Sei wohlwollend mit dir und freundlich. Geduldig und nachsichtig. Aufbauend und motivierend. Übe dich im positiven Selbstgespräch: Was auch immer geschieht, sprich so mit dir, wie du auch mit deiner besten Freundin oder mit einem kleinen Kind reden würdest.

Die Autorin Eva-Maria Zurhorst hat vor einigen Jahren einen Bestseller gelandet: *Liebe dich selbst, und es ist egal, wen du heiratest.* Ganz so einfach ist das sicher nicht, aber dich selbst zu lieben ist eine wunderbare Grundlage für eine glückliche Beziehung.

Der Sinn für Schönheit

Wusstest du, dass der Sinn für Schönheit angeboren ist? Britische Entwicklungspsychologen haben herausgefunden, dass Schönheit nicht im Auge des Betrachters entsteht, sondern bereits im Gehirn von neugeborenen Kindern vorhanden ist. Das bedeutet, dieser Sinn ist wichtig für unser Leben. Das Wort schön hat sich übrigens aus der indogermanischen Wortwurzel *skeu* entwickelt. Das bedeutet so viel wie *etwas bemerken, auf etwas achten* oder *aufpassen. Schön* gilt als eine Ableitung von *schauen*.

Werfen wir einen kurzen Blick in die Geschichte: Für Pythagoras war Schönheit ausschließlich eine Sache der Proportionen, des Maßes und damit der Zahl. Von Platon stammt die Idee des Guten, Wahren und Schönen. Er glaubte, wenn wir etwas als schön empfinden, so ist es auch wahr und gut. Auch bei Demokrit ist Schön-

Wenn dein Alltag
grau ist, mal ihn bunt!

7 MINUTEN FÜR DEIN HERZ

Lege eine Hand auf dein Herz und nimm wahr, wie es sich entspannt und weit wird. Dann lass die Liebe aus deinem Herzen in deine Umgebung fließen. Spüre die Verbindungen zwischen deinem Herzen und den Herzen aller Menschen, die in deinem Leben sind. Du brauchst gar nichts tun, dich nicht anstrengen. Die Liebe fließt einfach aus deinem Herzen heraus. Dein Herz wird davon nicht leer, sondern immer voller. Es ist, als wärest du angeschlossen an ein viel größeres Herz, das dein Herz kontinuierlich und zuverlässig versorgt. Wenn du das Gefühl hast, es ist genug, wende dich wieder dir selbst zu. Spüre die Wärme in deinem Herzen. Spüre, dass in deinem Herzen Liebe im Überfluss ist. Dann öffne langsam die Augen und nimm dieses wohlige Gefühl mit in deinen Tag.

Glück ist wie Getreide – zart, biegsam, zerbrechlich.

heit eine Frage des rechten Maßes. Für Sokrates musste allem ein Zweck innewohnen. So konnte seiner Meinung nach ein Mistkorb schön sein und ein goldener Schild hässlich, wenn der Mistkorb nützlich und der Schild untauglich war.

Wir Menschen warten jede **Woche** auf den Freitag, jedes Jahr auf den Sommer, ein ganzes Leben lang auf Glück ...
Verfasser unbekannt

Wie steht es mit deinem Sinn für Schönheit? Was findest du schön? Was macht dich froh, wenn du es anschaust oder hörst? Ein Sonnenuntergang, eine Sinfonie, eine Blume? Wenn du dich regelmäßig an etwas Schönem erfreust, steigerst du deine Lebensqualität und nährst deine Seele.

DEINE *Freitags* - AFFIRMATION

Ich öffne jetzt mein Herz für (Namen einfügen).

Es tut sehr weh, wenn du jemanden aus deinem Herzen ausschließt. Auch, wenn du findest, dass du vollkommen im Recht bist. Schmerz, Groll und Enttäuschung über Wochen und Monate, vielleicht sogar Jahre festzuhalten ändert gar nichts an der Situation. Es macht dich nur krank und unglücklich.

Diese Affirmation eignet sich gut, wenn du mit einem Menschen Schwierigkeiten hast, auch bei lange zurückliegendem Kummer. Am Anfang wirst du eine Menge Widerstand verspüren. Das ist normal. Arbeite trotzdem weiter mit diesem Satz. Mit der Zeit wird es dir leichter ums Herz werden. Du sprichst die Worte für dich, für deine Heilung. Der andere wird von deiner Offenheit berührt werden.

Samstag

Ich überwinde Grenzen und Einschränkungen

Samstag bedeutet Tag des Saturns, im Lateinischen *diēs Saturni*. Saturn ist der römische Gott der Aussaat und des Ackerbaus. Sein Name klingt heute noch an im englischen *Saturday*. Regional verbreitet ist auch der Name *Sonnabend* für den Samstag: Vorabend des Sonntags.

Hast du genug Raum für dich?

Gibst du dir selbst genug Raum? Hast du ein Zimmer für dich allein, eine Rückzugsmöglichkeit, einen Ort zum Auftanken? Im Jahr 1929 erschien Virginia Woolfs Buch *A Room of One's Own*. Die erste deutsche Übersetzung davon, *Ein Zimmer für sich allein*, wurde erst 1978 veröffentlicht. Ein

Jahr zuvor war in Deutschland die Regelung abgeschafft worden, dass Frauen nur arbeiten durften, wenn die Familie dadurch nicht vernachlässigt wurde.

Virginia Woolf fordert in ihrem Buch materielle Sicherheit, Raum für schöpferische Arbeit und Privatsphäre für Frauen. Ihrer Meinung nach konnten Frauen nur dann große Literatur schreiben, wenn sie ein eigenes Zimmer und ausreichend Geld hatten, um ihr Auskommen sicherzustellen.

Das Saturn-Prinzip: Der strenge Lehrmeister, Pflichterfüllung, Verantwortungsbewusstsein, bodenständig, strukturiert, vernünftig

Fast 100 Jahre später stehen Frauen deutlich besser da, aber der eigene Raum ist längst nicht selbstverständlich. Wenn du einen hast: Wie geht es dir damit? Wie nutzt du deine Zeit darin? Wie bereitwillig gibst du ihn auf, wenn das Zimmer anderweitig gebraucht wird? Wenn du keinen hast: Wie fühlst du dich bei dem Gedanken, einen Raum für dich zu haben? Wo könntest du dir einen schaffen? Wie würdest du dich in diesem Raum ausdrücken? Wirst du gesehen und gehört? Kannst du dich frei ausdrücken? Dich entfalten? Wenn nein, warum nicht? Wie kannst du das ändern?

Abgesehen von einem eigenen Zimmer — wie viel Raum gibst du dir selbst in deinem Leben?

Ich wünsche dir ein achtsames Hineinspüren in deine Bedürfnisse. Und den Mut und die Energie, dir selbst genug Raum zu verschaffen. Auch das ist eine Form der Selbstfürsorge.

Kannst du gut mir dir allein sein?

Was bedeutet Alleinsein für dich? Ein Glück oder etwas Unangenehmes? Verbindest du es eher mit Einsamkeit oder mit Zeit für dich? Gut mit sich allein sein zu können ist ein Segen. Vielen Frauen fällt es jedoch sehr schwer. Wir sind es so gewöhnt, uns ständig um alles und um alle zu kümmern — und fallen in ein Loch, wenn wir mit uns allein sind und nichts zu tun haben. Wenn es dir schwerfällt, mit dir allein zu sein und das zu genießen, möchte ich dir vorschlagen, dir regelmäßig ein wenig Zeit dafür zu nehmen. Beginne mit einer Stunde in der Woche und frage dich, was du gern tun würdest. Du musst auf niemanden Rücksicht nehmen, du kannst tun und lassen, was du willst, diese Stunde gehört dir, ganz allein.

Frage dich zunächst, wie es dir wirklich geht und lass der Antwort einen Moment Zeit, um aufzutauchen. Nimm deinen Körper wahr. Wie fühlt er sich an? Was braucht er von dir? Schließ die Augen, wenn dir das angenehm ist, und horche in dich hinein. Ist da eine Stimme, die schon länger versucht dir etwas zu sagen? Bist du einfach nur müde und erschöpft? Oder kannst du deine Kraft spüren, deine

> **Schwing dich aus allem heraus,** was dich beengt.
> Bettina von Arnim

Selbstsicherheit? Lass alles zu, was da ist. Bewerte nichts, ignoriere nichts und weise nichts zurück. Das alles bist du. Mit Facetten, die du im Alltag nicht spüren kannst. Hier und jetzt hast du die Möglichkeit, dich kennenzulernen. Mit all deinen guten und weniger guten Seiten. Lade dich selbst herzlich ein, zu dir nach Hause zu kommen. Am Anfang ist es vielleicht ungewohnt, du findest das blöd oder es macht dir Angst. Geh durch diese Gefühle hindurch. Werde zum Schatzsucher und beginne dich zu entdecken. Mit der Zeit wirst du herausfinden, dass du in dir ruhst und dich ganz auf dich verlassen kannst.

Deine Einstellung zur Arbeit

Arbeit und Pflichterfüllung gehören zum Urprinzip Saturn. Wie ist deine Einstellung zu deiner Arbeit, liebe Leserin? Übst du sie in erster Linie aus, um Geld zu verdienen? Oder bedeutet sie Erfüllung für dich? Ich möchte dich einladen, in der nächsten Zeit über diese Fragen nachzudenken und eine gründliche Bestandsaufnahme zu machen. Mit Arbeit verbringen wir einen sehr großen Teil unseres Lebens. Und wir haben es verdient, am Arbeitsplatz glücklich und zufrieden zu sein.

DEINE *Samstags* **- AFFIRMATION**

Ich überwinde Grenzen mit Liebe und Entschlossenheit.

Wenn du dir diesen Satz regelmäßig ein paar Mal am Tag vorsagst, wirst du spüren, wie Mut und Kraft in dir aufsteigen. Sie werden dir helfen, Grenzen zu überwinden.

7 MINUTEN, UM DICH AUS FESSELN UND ZWÄNGEN ZU BEFREIEN

Mudra heißt übersetzt das, was Freude gibt. Diese Finger-yoga-Übungen lösen Blockaden und bringen die Lebensenergie wieder zum Fließen. Bei regelmäßigem Üben bleiben Finger, Hände und Gelenke geschmeidig und die Schultern werden beweglicher.

- Halte die Hände in Höhe des Magens, die Finger sind leicht gespreizt, die Fingerspitzen zeigen nach vorn.
- Strecke nun alle Finger und biege sie leicht zurück.
- Die Hände werden an den Fingerballen zusammengehalten.
- Atme möglichst gleichmäßig. Beim Einatmen bewegen sich die abgebogenen Finger zueinander, die Handflächen entfernen sich voneinander. Wenn du ausatmest, biegen sich die Finger wieder zurück, die Handflächen bewegen sich aufeinander zu.
- Nach 7 Minuten die Hände lösen und leicht ausschütteln.

TAG 7

Sonntag

Ich lebe mit Freude und Leichtigkeit

Das Wort Sonntag hat sich aus dem lateinischen Begriff *diēs Solis* (Tag der Sonne) über das althochdeutsche *sunnūntag* entwickelt. In der nordischen Mythologie steht die Göttin Sól für die Sonne. Ihr Bruder ist der Mondgott Mani. Sóls Schönheit veranlasste ihren Vater Mundilfari dazu, sie nach der Sonne zu benennen. Von den Göttern wurde Sol als Hüterin der Sonne eingesetzt. Der Wagen, mit dem sie über den Himmel fährt, wird von ihren Pferden *Der Frühwach*e und *Der Allgeschwinde* gezogen. Das Schild an ihrem Wagen schützt sie vor der Hitze der Sonne.

Die Sonne als Zentrum

Ohne Sonne kein Leben, keine Wärme, keine Freude. So könnte man die Bedeutung der Sonne auf den Punkt bringen. Die Sonne erhält alles Leben auf der Erde. Sie erwärmt Böden, Meere und Atmosphäre, steuert das Klima, treibt den Wind und bringt sowohl Trockenperioden als auch  Eiszeiten. Erst seit dem 20. Jahrhundert ist bekannt, warum sie beständig leuchtet. In ihrem Inneren wird Energie gewonnen: durch die Verschmelzung von Wasserstoff zu Helium bei Temperaturen von etwa 15 Millionen Grad. An ihrer Oberfläche ist es immerhin noch etwa 5700° Celsius heiß. Von hier strömen Licht und Wärme ins Weltall.

Gibt es genug Freude in deinem Leben?

Was macht dir Freude? Was begeistert dich? Was zaubert dir ein Lächeln ins Gesicht? Ich hoffe, du kannst auf Anhieb etliche Dinge aufzählen! Weißt du, wie du diese Freude noch vertiefen kannst?

Nehmen wir als Beispiel einen Sonnenaufgang: Frage dich, was genau dir daran gefällt und beschreibe es in allen Einzelheiten. Erlebe die Erfahrung mit allen Sinnen. Achte auf deine Körperwahrnehmung. Geht dein Atem ruhig und gleichmäßig? Wie fühlt sich dein Herz an? Sind deine Muskeln

Das Sonnen-Prinzip: Lebenskraft, Licht, Wärme, Handlungsfähigkeit, Spielerisches

locker oder verkrampft? Hast du ein warmes Gefühl im Solar-plexus?

Lass die Freude durch deinen ganzen Körper fließen und speichere sie im Herzen. Dann hast du sie immer bei dir, während du durch deinen Tag gehst.

Hast du schon die grundlose Freude entdeckt? Egal, was um dich herum passiert, in dir gibt es eine Quelle der Freude, die immer sprudelt, du musst sie nur freilegen. Freu dich einfach so, ganz ohne Grund, nur, weil Du es kannst. Ich wünsche dir, dass

> **Freude kann nicht überdosiert werden, und sie hat keine Nebenwir-kungen.**

du zur Freude-Detektivin wirst. Mach es dir zur Aufgabe, immer mehr Freude zu finden, immer mehr Freude in deinen Alltag zu bringen. Je mehr Freude du zulassen kannst, desto leichter und schöner wird dein Leben, desto besser kommst du durch die schwierigen Zeiten.

Der ungeliebte Schatten

Wir leben in der Polarität, daher kann Licht nicht ohne Schatten existieren und umgekehrt. Doch wie gern hätten wir das Licht ohne den Schatten, das Gute ohne das Böse, das Schöne ohne das Hässliche? Der Begründer der analytischen Psychologie, Carl Gustav Jung, hat einen großen Teil seines Arbeitslebens der Erforschung des Schattens gewidmet. Von ihm stammt das Zitat „*Der Schatten ist alles das, was du auch bist, aber auf keinen Fall sein willst.*" Häufig wirken dabei unsere Mitmenschen als Spiegel: Sie

Übung

ZUM NACHDENKEN

Was bedeutet Freude für mich?

_____

Was hat mir als Kind Freude gemacht?

_____

Wo in meinem Leben gibt es reichlich Freude?
Wie kann ich das noch steigern?

_____

Wo gibt es zu wenig? Wie kann ich das ändern?

_____

zeigen uns in unangenehmer Deutlichkeit all das, was wir an uns nicht wahrnehmen können oder wollen. Es dauert oft ein Leben lang, diese Anteile von uns zu entdecken und uns mit ihnen auszusöhnen. Um dich dem Schatten zu nähern, kannst du dir diese Fragen stellen: Was an dem anderen regt mich unheimlich auf? Was bringt mich jedes Mal wieder auf die Palme? Was hasse ich wie die Pest? Wie will ich niemals sein? Was würde ich niemals tun?
Dieses vermeintlich Fremde, was viel mehr zu uns gehört, als wir uns das eingestehen, erzeugt tiefe Ängste in uns, heftige Abwehrreaktionen, Bewertungen, Urteile und emotionalen Aufruhr.

FREUDE UND LEICHTIGKEIT IN 7 MINUTEN

Diese Übung aus dem Qi Gong erinnert an Ballspielen. Sie stärkt dich, wenn du müde und erschöpft bist, und schenkt dir ein Gefühl von Leichtigkeit und Freude.

- Stelle dich aufrecht hin.
- Hebe gleichzeitig das linke Knie und den rechten Arm. Der Arm ist in Schulterhöhe.
- Bewege die rechte Hand nach unten, als würdest du einen Ball hinunter drücken.
- Senke dabei den linken Fuß. Die Zehen setzen zuerst auf, dann der Rest des Fußes.
- Hebe dann gleichzeitig das rechte Knie und den linken Arm.
- Drücke die linke Hand nach unten und setze den rechten Fuß auf den Boden.
- Wiederhole das Ganze ein paar Mal in Wechsel.
- Wenn du sicher stehst, kannst du die Augen schließen. So kommst du noch besser in den Fluss der Bewegung hinein.

Die Schönheit der Dinge liegt in der Seele
dessen, der sie betrachtet. (D. Hume)

Der große Schmerz dahinter stammt aus negativen Kindheitser-
fahrungen, anderen negativen prägenden Einflüssen oder Trauma-
tisierungen. Das Wichtigste in dem Prozess der Annäherung an den
Schatten sind Verständnis und Mitgefühl. Das Ziel ist es, Schmerz-
haftes in die Persönlichkeit zu integrieren und es so in innere Kraft,
seelische Stärke und Verständnis für andere zu verwandeln.

DEINE *Sonntags* - AFFIRMATION

Mein Leben wird von Tag zu Tag immer schöner und schöner.

Wenn du dein Leben gerade gar nicht schön findest, klappt es na-
türlich nicht mit dieser Affirmation. Aber gib trotzdem nicht gleich
auf. Formuliere den Satz so lange um, bis er für dich passend ist.
Werde kreativ! Du kannst auch zu diesem Satz ein Bild malen, eine
Collage erstellen oder ein Fotobuch anlegen mit allem, was dein
Leben schöner macht.

REFLEXION

→ Was nehme ich für mich mit aus diesem Buch?

_____

_____

_____

→ Was war neu für mich?

_____

_____

_____

→ An welchen Stellen habe ich inneren Widerstand gespürt?

_____

_____

→ Womit möchte ich mich später noch näher beschäftigen?

_____

_____

Zum Schluss

Liebe Leserin, nun bist du am Ende dieses Buches angelangt – zumindest für den ersten Durchgang. Ich hoffe, du bist dir selbst im Laufe dieser 7 Tage ein wenig näher gekommen, hast dich mehr mit dir angefreundet und die Übungen und Anregungen haben dich inspiriert. Wenn du das Buch zuklappst, hör bitte nicht auf, deinen ganz eigenen Weg zu gehen. Und vor allem: Warte nicht, bis du irgendwann mal ein wenig Zeit für dich hast. Nimm sie dir. Immer wieder. Weil du es dir wert bist.

Mit diesem alten irischen Segenswunsch möchte ich mich von dir verabschieden:

May the road rise to meet you.
May the wind always be at your back.
May the sun shine warm upon your face
and the rain fall soft upon your fields.
And until we meet again
may God hold you in the palm of his hand.

Mögest du eine gute Reise haben.
Mögest du immer den Wind im Rücken haben.
Möge die Sonne warm auf dein Gesicht scheinen
Und der Regen sanft auf deine Felder fallen.
Und möge Gott dich in seiner Hand halten
bis wir uns wiedersehen.

BILDNACHWEIS

Mit 25 Farbfotos und 7 Illustrationen von Shutterstock.

IMPRESSUM

Umschlaggestaltung von Gramisci Editorial Design, München / Claudia Geffert unter Verwendung eines Fotos von Stocksy (Cover), 6 Farbfotos von Shutterstock und 7 Illustrationen von Shutterstock.

Gedruckt auf chlorfrei gebleichtem Papier

© 2022, nymphenburger in der Franckh-Kosmos Verlags-GmbH & Co. KG, Pfizerstraße 5–7, 70184 Stuttgart

Alle Rechte vorbehalten
ISBN 978-3-96860-002-4
Projektleitung und Redaktion: Ramona Imhof
Satz: Katrin Kleinschrot, Stuttgart
Produktion: Angela List
Druck und Bindung: Finidr, s.r.o., Český Těšín
Printed in The Czech Republic /
Imprimé en République Tchèque

Unser gesamtes Programm finden Sie unter
kosmos.de/nymphenburger

Die Urprinzipien
– die Welt
als großes Ganzes

Wie funktioniert die Welt? Was sind die Geheimnisse des Lebens? Zu allen Zeiten haben Menschen nach Antworten auf diese Fragen gesucht. Religionen, Philosophien und Weltanschauungen dienen seit Jahrtausenden dazu, die Realität zu verstehen und die Wahrheit dahinter zu entschlüsseln. Die Urprinzipien sind so etwas wie Urbausteine, aus denen das gesamte Universum besteht. Die Welt, in der wir leben besteht aus den Elementen des Universums: Erde, Wasser, Feuer, Luft. Jedes Urprinzip ist einem dieser 4 Elemente zugeordnet.